# Hecho en la naturaleza

Anne Montgomery

Las personas necesitan cosas para vivir.

La **Tierra** nos da muchas cosas.

Usamos algunas para hacer las cosas que necesitamos.

Los árboles crecen.

Usamos los árboles para tener madera.

El sol brilla.

Usamos el sol para tener **energía**.

Las rocas cubren la tierra.

Usamos las rocas para construir.

La arena cubre las playas.

Usamos la arena para hacer ladrillos.

El metal está en las rocas.

Usamos el metal para hacer herramientas.

Las plantas crecen.

Comemos lo que nos
da la **naturaleza**.

# ¡Hagamos ciencia!

¿Qué puedes construir de la naturaleza? ¡Intenta esto!

## Qué conseguir

- ❑ pegamento o cuerda
- ❑ rocas, ramitas, hojas y otras cosas de la naturaleza
- ❑ tijeras

# Qué hacer

1. Usa tus materiales para construir una casita. Haz un piso, un techo y paredes. Únelos con pegamento o cuerda.

2. ¿En qué se parece tu casita a una casa real? ¿En qué se diferencian? ¿Algunos de los materiales son los mismos?

# Glosario

**energía**: potencia

**naturaleza**: cosas en el mundo que no están hechas por las personas

**Tierra**: el planeta en el que vivimos

# Índice

# ¡Tu turno!

Observa la imagen que se encuentra arriba o mira afuera. ¿Qué cosas provienen de la naturaleza? ¿Qué cosas hicieron las personas?

## Asesoras

**Sally Creel, Ed.D.**
Asesora de currículo

**Leann Iacuone, M.A.T., NBCT, ATC**
Riverside Unified School District

**Jill Tobin**
Semifinalista
Maestro del año de California
Burbank Unified School District

**Créditos de publicación**

Conni Medina, M.A.Ed., *Gerente editorial*
Lee Aucoin, *Directora creativa*
Diana Kenney, M.A.Ed., NBCT, *Editora principal*
Lynette Tanner, *Editora*
Lexa Hoang, *Diseñadora*
Hillary Dunlap, *Editora de fotografía*
Rachelle Cracchiolo, M.S.Ed., *Editora comercial*

**Créditos de imágenes:** pág.4 James Stockwin/Alamy; pág.11 iStock; pág.13 brianindia/Alamy; pág.17 Don Mason/Blend Images/Alamy; págs.18–19 (ilustraciones) Rusty Kinnunen; todas las demás imágenes cortesía de Shutterstock.

**Teacher Created Materials**
5301 Oceanus Drive
Huntington Beach, CA 92649-1030
http://www.tcmpub.com

**ISBN 978-1-4258-4632-9**